AF404765

A MM. les Représentants du peuple.

LA GRATUITÉ

DE

L'ENSEIGNEMENT PUBLIC

A TOUS LES DEGRÉS

AVEC

SON ORGANISATION PRATIQUE,

PAR

M. DELEUZE,

CHEF D'INSTITUTION.

> De tous les principes consacrés dans une Constitution, le plus fécond en résultats, le plus puissant sur l'avenir d'un peuple repose sans contredit sur son système d'instruction publique.
>
> *L'Auteur.*

Prix : 25 cent.

PARIS

LIBRAIRIE DE NAPOLÉON CHAIX ET Cie, RUE BERGÈRE, 8,

ET CHEZ TOUS LES LIBRAIRES.

1848.

LA GRATUITÉ

DE

L'ENSEIGNEMENT PUBLIC

A TOUS LES DEGRÉS

AVEC

SON ORGANISATION PRATIQUE.

A MM. REPRÉSENTANTS DU PEUPLE.

Après avoir traité le droit au travail comme un principe de fraternité, et la liberté de la presse comme un principe de liberté, je vais passer à la gratuité de l'enseignement comme un principe d'égalité.

Mais, avant de définir ce droit, pour mieux en apprécier l'importance, disons que de tous les principes consacrés dans une constitution, le plus fécond en résultats, le plus puissant sur l'avenir d'un peuple repose sans contredit sur son système d'enseignement public.

Toute société, dans l'intérêt de son bonheur, devant tendre constamment vers l'amélioration intellectuelle, morale et physique de ses membres, c'est dans le plus grand développement possible donné aux facultés de l'homme qu'un État doit chercher les moyens d'accomplir cette haute mission. Or, l'intelligence, ce don sacré du ciel, étant la première de toutes les facultés, celle qui préside au développement de toutes les autres, le premier, le plus important de tous les devoirs pour un État, c'est de développer autant que possible les facultés intellectuelles de ses membres ; et comme, sous une république, tous les citoyens ont des droits égaux, l'État doit à tous ses membres une éducation commune ; de là la gratuité de l'enseignement, droit qui puise son principe dans l'intérêt de la société, puisque c'est dans l'exercice de ce droit que la société doit chercher les éléments de sa force et de sa grandeur.

Voilà pour le principe ; cherchons maintenant dans les différents modes d'application de ce droit, la réponse à cette question complexe :

L'État ne doit-il à ses membres que la gratuité de l'enseignement primaire ?

Ou bien leur doit-il cette gratuité d'une manière absolue, depuis l'enseignement primaire jusqu'aux écoles spéciales inclusivement ? Car tel est l'esprit des amendements qui vous seront présentés à cet égard lors de la discussion.

Le caractère démocratique que prend une république lui impose, sous peine de périr, l'obligation impérieuse de satisfaire les besoins de la plus grande masse de citoyens, et d'asseoir ainsi la base de sa force morale et matérielle sur les sympathies et le concours de la majorité nationale.

Ce caractère lui impose encore le devoir de tenir entre tous les citoyens une balance égale dans la distribution de ses bienfaits ; car, sous une république démocratique, tous les citoyens étant égaux, il ne doit y avoir entre eux ni distinction ni classe.

Eh bien ! voyons si le premier paragraphe de la question que nous venons de poser, c'est-à-dire l'instruction commune, bornée à l'instruction primaire, réunit les conditions voulues par ce caractère que vous avez donné à notre République.

La Constitution accorde une instruction commune, il est vrai, mais elle la borne à l'enseignement primaire ; et notez même que, pour ôter à cette prétendue concession l'apparence d'un droit, elle l'associe à l'idée d'une faveur. Lisez l'article 9, il dit : *L'Etat favorise et encourage le développement du travail par l'enseignement primaire gratuit, par l'éducation professionnelle, etc., etc.* Voilà ce que la Constitution promet de faire pour l'instruction publique.

Trouvez-vous que ce soit là le langage que doit tenir une république démocratique? Trouvez-vous que cette concession, si c'en est une, satisfasse les espérances et les besoins de la plus grande masse des citoyens? Trouvez-vous enfin que la main qui la dispense tienne la balance égale entre tous les membres de la société? Mais on pourrait vous dire qu'elle ne fait rien ou à peu près rien pour le peuple ; que cette gratuité dont vous parlez, ce n'est pas vous qui l'accordez, puisque la France en jouit depuis longtemps, et que, s'il s'agit de reconnaissance, ce n'est pas à vous qu'elle est due, mais aux deux gouvernements déchus qui ont fait jouir la nation de ce bienfait.

Que répondrez-vous lorsque, par tous les organes de la publicité, toute la famille des prolétaires, et ce n'est pas la moins nombreuse, viendra vous dire qu'en la privant des bienfaits de l'instruction secondaire, vous divisez la nation en deux classes distinctes, celle des riches et celle des pauvres? Qu'au lieu de faire un appel à toutes les forces intelligentes du pays, pour les faire concourir à l'édifice de la grandeur nationale, vous la déshéritez, elle, de ce noble concours, pour en appeler à la seule classe des riches? Prétendriez-vous, par hasard, que le génie et le talent sont le privilége de la fortune? Que ces grands caractères qui viennent quelquefois étonner l'humanité, ces âmes d'élite qui font la gloire d'une nation ne trouvent jamais le jour dans la chaumière du pauvre? Que répondrez-vous lorsque tous les déshérités de la fortune vous diront qu'en les rendant admissibles à tous les emplois publics par l'article 13, vous ne jetez sur eux qu'une amère dérision, puisqu'en réalité il n'y aura que les riches qui continueront, comme par le passé, à y être admis, possédant seuls les moyens de faire donner à leurs enfants l'éducation nécessaire pour y arriver? Que répondrez-vous enfin lorsqu'ils vous diront qu'en les privant du droit au travail et de la gratuité de l'enseignement secondaire, vous les forcez à vivre comme des ilotes, condamnés à travailler constamment pour leurs maîtres? Car n'est-ce pas à cette conclusion que nous ferait arriver la force du raisonnement? Oserez-vous, pour justifier votre indifférence à leur égard, leur rappeler que vous avez déjà voté la gratuité des écoles spéciales? Mais ils vous répondront encore que ce n'est qu'une amère dérision; que, sans la gratuité de l'enseignement secondaire, les portes de l'École polytechnique, de Saint-Cyr, de la Marine, etc., sous la République, comme sous les gouvernements déchus, ne seront ouvertes qu'aux riches et aux privilégiés; que cette gratuité ne profitera qu'aux riches.

En effet, quel est, parmi les classes pauvres, le père de famille qui fera participer son fils à cette faveur? Pouvant à peine, avec le fruit de son travail, s'entretenir lui et sa famille, où trouvera-t-il les ressources nécessaires pour faire donner, pendant sept à huit ans, à son fils, l'éducation nécessaire pour être admis dans une école spéciale?

Vous voyez bien, Citoyens, que la gratuité ainsi bornée, ne remplit pas les conditions voulues par le caractère démocratique de notre République; vous voyez bien que ce droit, ainsi exercé, violerait à la fois le principe d'égalité, de justice et de fraternité, car il créerait un privilége en faveur des riches au préjudice des pauvres.

Mais vous accorderez, nous direz-vous, des bourses aux familles pauvres. Nous vous répondrons que ces instruments de favoritisme et de corruption pouvaient être bons sous une monarchie ; mais que sous un gouvernement d'égalité, comme doit l'être celui de notre République, le peuple n'en veut pas, et que vous-mêmes, si, dans une querelle de collége, un de ses camarades payant pension imposait silence à votre fils en lui disant : Tais-toi, je paie ici ta pension, vous-mêmes qui nous proposez cette faveur aristocratique, vous la repousseriez, comme nous. D'ailleurs. vous ne sauriez accorder des bourses qu'à une minime partie de la classe pauvre, et vous commettriez encore une injustice ; le peuple n'en veut pas.

Mais les écoles secondaires, me fera-t-on remarquer, renferment en elles-mêmes un vice capital : l'Université, ce modèle des corps enseignants, dû au grand génie de Napoléon, l'Université, malgré les grands services qu'elle rend à la société, n'atteint pas entièrement le but vers lequel doit tendre l'enseignement public. Les parents de toutes les classes de la société qui jouissent de quelque aisance, sans consulter les facultés de leurs enfants, sans savoir s'ils ont ou n'ont pas des dispositions pour une éducation libérale, les envoient tous au collége ; il en résulte qu'après huit ou dix ans passés à traduire du grec et du latin, études pour lesquelles la plupart n'ont pas de goût, ces jeunes gens entrent dans la société avec une éducation incomplète, et lui demandent une position qu'elle ne saurait donner à tous, car il y a encombrement, les demandes étant de beaucoup supérieures aux besoins. Voilà le mal : habitués tous à une vie libérale, et convaincus, parce qu'ils ont passé huit ou dix ans au collége, qu'ils ont reçu une brillante éducation, ces jeunes gens se trouvent incapables de se tourner vers une vie laborieuse, et deviennent presque tous des parasites pour la société. Convenez-vous que c'est là un abus? Eh bien, nous voulons y remédier, en créant à côté des écoles secondaires des écoles professionnelles, pour y verser le trop plein des prétentions à l'éducation libérale, et vous voulez que nous accordions la gratuité de l'enseignement secondaire! Mais vous ne voyez donc pas que tous les pères de famille riches et pauvres voudraient donner à leurs enfants une éducation libérale, et qu'ainsi nous aggraverions le mal au lieu de le guérir? Vous voulez donc faire du peuple français un peuple de demi-savants?

A ces objections si dignes d'être prises en considération, je répondrai franchement qu'en effet ce mal existe, qu'il porte une grande perturbation dans l'ordre social, et qu'on ne saurait trop se hâter d'y porter remède ; mais, à mon tour, Citoyens représentants, je vous demanderai quelles sont les mesures que vous prenez pour corriger cet abus. En refusant la gratuité de l'enseignement secondaire, vous ne favorisez pas, il est vrai, la propagation du mal, mais vous ne le faites pas cesser ; vous le maintenez ; il existera toujours, et vous resterez toujours dans l'ornière du passé, malgré vos écoles professionnelles, dont la création, d'ailleurs, je le reconnais, me paraît d'un esprit excellent ; vous resterez dans l'ornière du passé, vos écoles professionnelles fussent-elles même gratuites ; car vous ne forcerez jamais l'amour-propre des parents qui, persistant à penser que leurs enfants peuvent devenir des célébrités, persisteront à les envoyer au collége, aimant mieux leur donner une éducation libérale qu'une éducation professionnelle.

Eh bien! cet abus, dont les fatales conséquences sont généralement reconnues, dont la suppression vous paraît si difficile ; cet abus, si vous voulez adopter le seul mode d'instruction publique que réclament les besoins d'une république démocratique, non-seulement vous le ferez disparaître, mais vous pourrez encore créer à sa place un système d'équilibre dans le classement des positions sociales, système qui vous permettra de ramener vers ce juste milieu commandé par le dogme de la fraternité, la société que la funeste influence du capital a divisée à peu près en deux classes. Il suffit de jeter un coup d'œil sur l'état actuel de notre civilisation pour reconnaître que le seul moyen de porter remède au mal qui la dévore, c'est d'adopter ce mode d'instruction publique. L'avenir de la France vous le commande; la voix de la raison et de l'humanité vous en fait un devoir. Mais pour vous faire mieux comprendre l'importance de ce devoir, permettez-moi de remonter ici jusqu'à l'origine des lois éternelles qui régissent la société humaine.

Organisation de l'instruction publique.

Dieu, dans sa puissance infinie, en créant l'univers d'éléments hétérogènes et discordants, voulut que de la lutte incessante qui régnerait entre eux naquît cette harmonie parfaite qui se fait admirer dans les lois de la nature depuis la création du monde.

La société humaine, composée aussi d'éléments disparates et antipathiques, nous offrirait une image parfaite de cette harmonie universelle, si Dieu, qui voulait faire sentir à l'homme son impuissance, n'avait placé en lui, dans le sentiment du bien-être moral et du bien-être matériel, dans l'esprit d'abnégation et d'égoïsme, enfin, dans la vertu et le vice, deux éléments d'antagonisme qui ne pourraient jamais s'accorder.

Conséquent avec lui-même, Dieu, qui voulait éviter dans les conditions humaines cette égalité parfaite qui, par son uniformité délétère, aurait détruit le principe vital de la société, Dieu, dis-je, a donné aux hommes des facultés inégales, et les a ainsi condamnés à lutter

constamment avec eux-mêmes et avec leurs sembla-
bles, poussés d'un côté vers la vertu par le sentiment
du bien, et de l'autre, vers le vice par le sentiment du
mal, qui n'est autre chose que le sentiment du bien-
être matériel. De là cet antagonisme individuel et social
qui ne finira qu'avec la fin du monde ; car Dieu seul
peut changer la nature de ses œuvres, Dieu seul peut
changer la nature de l'homme.

Placés donc entre le génie du bien et le génie du
mal, l'homme et la société, méconnaissant les facultés
divines que Dieu a placées au fond de l'âme pour n'é-
couter que les facultés terrestres, tendent constamment
à secouer le joug de la raison et de la vertu, préoc-
cupés uniquement, dans leur égoïsme, l'un de se pro-
curer les moyens de jouir et de dominer ; l'autre, de
se classer en heureux et puissants, tous les deux, dans
leur sphère d'activité, irrésistiblement portés à s'aristocratiser.

C'est de cette lutte incessante vers le bien-être
matériel, c'est de cette tendance constante vers l'esprit
de domination que sont sortis tous les instruments de
la misère et de la corruption humaines. Livré à ses appétits charnels, et ne se contentant plus des objets que
lui offrait la nature ou son travail pour satisfaire
ses besoins, l'homme, d'abord par des échanges, ensuite par un signe représentatif de ces objets, a trouvé
les moyens de multiplier la somme de ses jouissances
et de son pouvoir. De là la création du numéraire et du
papier-monnaie, qui, sous la dénomination de capital
fictif, sont à la vérité les agents principaux de la production et la source de l'activité humaine, mais qui,
en excitant la cupidité, sont aussi les grands provoca-
teurs des passions et le fléau du sentiment du bien.
Instrument à la fois du bien et du mal, et dans un
continuel antagonisme avec le travail, le capital triomphe toujours ; car le travail, expression du devoir,
mollit quelquefois dans la lutte, tandis que le capi-

tal, expression du bien-être matériel, exerce une force toujours incessante. Il en résulte que, portée irrésistiblement à s'aristocratiser, une société naissante, quelles que soient ses institutions politiques, si elle n'y pourvoit par des institutions sociales, finira toujours, absorbée par la force attractive du capital, par se diviser en deux classes distinctes : celle des capitalistes et celle des travailleurs ; celle des riches et celle des pauvres ; celles qui jouissent et celles qui souffrent. Tel est le sort de la république des États-Unis d'Amérique, qui, malgré ses institutions politiques, n'en est pas moins dévorée par tous les maux qu'entraîne l'influence du capital, quoiqu'elle ne compte pas encore un siècle d'âge, et qu'elle ait ses déserts de l'Ouest pour vider le trop plein de sa population prolétaire.

Devant un tel élément de corruption et d'immoralité, quels secours invoquer ? Quels sont vos devoirs, Citoyens représentants ? C'est d'imposer un point d'arrêt aux progrès envahissants du capital, qui finirait par absorber la moitié de la société au profit de l'autre ; c'est de faire un appel à toutes les forces intelligentes et morales du pays contre ce fléau dévastateur, qui, après avoir emporté avec lui toutes les forces nationales, ne laisserait en présence que des esclaves et des maîtres, abrutis, les uns par le travail, les autres par les jouissances de la vie ; c'est enfin de créer des lois sociales qui, en relevant le génie du bien et en abaissant le génie du mal, viennent au secours du travail contre le capital, et finissent par faire triompher l'élément moral sur l'élément brutal. Le mal est grand, la guérison sera longue ; mais ne vous découragez pas, Citoyens, faites prendre patience au peuple qui a été nourri de trop d'espérances ; dites-lui que les révolutions de cette nature ne s'accomplissent pas en un jour ; qu'il faudra bien du temps pour rétablir l'équilibre social, pour le faire jouir complétement des bienfaits de nos nouvelles institutions ; mais que chaque jour sera marqué par un nouveau progrès vers l'amélioration de son bien-être physique, intellectuel et moral. A l'œuvre donc, Citoyens ! C'est à vous de commencer cet acte de régénération sociale qui doit assurer le triomphe des sentiments généreux, des lumières et de la morale, sur l'égoïsme, l'ignorance et les appétits matériels. C'est à vous qu'appartient la belle et noble tâche de métamorphoser, par l'intelligence, cette société en décadence qui, au milieu des produits abondants de la nature, voit avec indifférence la moitié de ses enfants, celle qui ne fait rien, épuiser la coupe de la vie dans les jouissances du luxe et des plaisirs ; tandis que l'autre, celle qui travaille, se meurt dans les tourments de la misère et de la faim.

Mais ce n'est pas par des lois politiques que vous atteindrez votre noble but ; leur effet moral est trop lent pour lutter avec succès contre l'influence terrible du capital ; c'est sur des lois sociales, c'est sur des lois humanitaires que vous devez appuyer votre œuvre de régénération. Je vous l'ai dit, l'Amérique des Etats-Unis est une république démocratique, au suffrage universel, et cependant elle souffre comme nous des désastres du capital, parce qu'elle manque comme nous des lois sociales.

Le travail est une source de prospérité, d'ordre et de force : c'est le père de la propriété (1) et de la famille. Accordez d'abord le droit au travail ; ce sera le premier échelon pour arriver à l'amélioration physique de l'ouvrier ; ensuite, dans un large système d'instruction publique, approprié aux besoins de chacune des classes de la société, cherchez ce puissant levier qui doit vous servir à soulever toutes les forces intelligentes de la nation ; divisez, distribuez ces forces, en les appliquant, chacune selon sa nature, aux différents

---

(1) C'est-à-dire le père de la possession et non de la rente, ou si vous voulez mieux, du loyer du capital, ainsi que M. Proudhon définit la propriété.

besoins du corps social, et vous aurez atteint votre but. L'empire du capital s'affaiblira ; le règne de l'intelligence et de la morale commencera ; chacun se trouvera à sa place ; chacun connaîtra ses devoirs et saura les remplir. Alors les droits ne seront plus un vain nom ; l'homme ne sera plus exploité par l'homme ; le travailleur ne versera plus ses sueurs au profit du riche. Alors l'art. 13 de la Constitution ne sera plus une dérision ; tous les Français seront réellement admissibles à tous les emplois publics, car tous les Français seront réellement égaux.

D'abord, c'est sur l'instruction primaire que vous devez asseoir la base de votre système ; car c'est là que se trouvent toutes les forces vitales du pays, l'espoir et l'honneur de la France.

C'est sur la morale surtout que vous devez appuyer vos efforts ; car la morale est un lien de fraternité qui unit les hommes, tandis que la corruption, comme l'a fort bien dit M. le représentant Gerdy, est un dissolvant qui détruit les gouvernements et les nations.

C'est enfin sur le concours que vous devez assurer vos moyens ; car le concours, en provoquant au travail, contribue à la fois à développer les facultés et à les faire ressortir. Le concours, tout le monde en convient, est le cachet du mérite et du talent.

Par des lois organiques qui réglementeront votre système, attachez-vous à donner le plus grand développement possible à toutes ces jeunes natures ; ensuite lorsque, au moyen du concours, vous serez parvenus à connaître, à distinguer l'aptitude, la force de chacune d'elles, envoyez les intelligences d'élite dans des écoles secondaires gratuites pour y recevoir une instruction plus substantielle, et les autres dans des écoles professionnelles et d'agriculture, également gratuites, pour s'y préparer à suivre dans la société la carrière à laquelle ils seront appelés par leurs goûts ou leurs moyens. Que l'agriculture surtout excite vos préféren-

ces; car, de même que toutes les richesses intellectuelles sortent de l'âme, de même, c'est de la terre que
sortent toutes les richesses matérielles. L'agriculture
étant la mère nourricière des nations, l'agriculture
doit être la carrière la plus honorée.

Que vos écoles secondaires (1), toutes gratuites, et
chacune appropriée aux besoins des différentes classes
de la société, vous offrent toutes les moyens d'obtenir,
toujours par le concours, le nombre limité des sujets
d'élite qui sont appelés à puiser dans les écoles spéciales (2) les connaissances qui, plus tard, leur sont
nécessaires pour le service de l'Etat : les uns, dans la
carrière militaire, pour le service de l'armée de terre
et de mer ; les autres, dans la carrière civile, pour le
service de l'administration, du génie, de l'instruction
publique, de la médecine et du droit, des beaux-arts
et des belles-lettres, de l'industrie dans tous les genres,
enfin de l'agriculture ; car l'agriculture aussi doit
avoir son école spéciale, ainsi que le demande M. le
ministre Tourret dans son projet de loi sur les écoles
d'agriculture.

Cette organisation que je vous présente ici, Citoyens
représentants, l'Université vous l'offre dans presque
toutes ses parties, ce qui prouve l'excellence de ce corps
enseignant; mais ce qu'elle ne vous offre pas, et qui lui
donnerait une force incomparable, ce sont les deux pré-
cieux avantages que je vous signale, la gratuité et le
concours : la gratuité, pour faire participer tout la masse
du peuple français aux bienfaits de l'instruction publi-

(1) Les écoles secondaires se composeraient 1° des colléges natio-
naux; 2° des écoles administratives; 3° des écoles normales; 4° des
écoles de médecine et de droit; 5° des écoles de musique, de peinture
et de sculpture ; 6° des écoles professionnelles des arts et métiers ;
7° et enfin des écoles d'agriculture.

(2) Les écoles spéciales se composeraient d'un nombre égal d'établis-
sements correspondant à chacune des écoles secondaires, et ne différe-
raient entr'elles que par le degré d'enseignement, qui serait supérieur
dans les écoles spéciales.

que, et le concours, pour distinguer les intelligences et les classer ensuite. Car, il ne faut se le dissimuler, Citoyens, le concours, tel qu'il existe aujourd'hui dans l'Université, n'atteint pas le but d'utilité que réclame la raison publique. Ce n'est pas seulement à exciter l'émulation des élèves qu'il devrait servir, c'est à les classer. Étendu à peu près au nombre limité d'élèves dont se compose une division, le concours devrait à la fois servir à exciter l'émulation et à faire connaître les élèves capables de passer d'une classe inférieure dans une classe supérieure, ce qui ne se fait pas, et voilà le mal; car, d'une force extraordinairement inégale, les uns, trop faibles pour profiter des leçons de leurs professeurs, se découragent et ne progressent pas, tandis que les autres, toujours les premiers, obtiennent successivement dans leurs classes à peu près tous les prix et toutes les couronnes.

Vous le voyez, Citoyens représentants, cette organisation n'est pas l'œuvre d'un rêveur ni d'un utopiste; les moyens pratiques y sont clairement indiqués et les résultats justement appréciés. En repousseriez-vous l'application, quand il s'agit du bonheur et de l'avenir de la France? Quels obstacles pourraient vous arrêter? Un sacrifice d'argent? Mais la France est riche et puissante; elle peut faire ce sacrifice pour ses enfants; la France ne gémira pas toujours sous le poids de la crise qui l'oppresse. Les riches, direz-vous, y seraient trop favorablement traités. Leurs enfants seraient élevés aux frais de l'État, ce ne serait pas juste. Eh bien, les riches, dans l'impôt foncier, ou dans l'impôt progressif et sur le revenu, rendront à l'État ce que l'État fera pour leurs enfants.

Faut-il, pour vous convaincre, faire valoir des considérations non moins puissantes? Jetez les yeux sur la famille des socialistes (1), appelée à compter bientôt

____

(1) Je parle ici seulement des socialistes qui veulent le perfectionne-

dans son sein les trois quarts de la société ; voyez cet
arbre jeune encore, mais destiné à couvrir de ses vastes
rameaux toutes les parties du monde. Et ce n'est pas ici
une hyperbole, pour embellir le discours, c'est la vérité ; car enfin il faudra bien que la lumière se fasse ; il
faudra bien que le malentendu qui existe sur les socialistes finisse un jour par s'éclaircir. On n'apprécie pas
ces esprits à leur juste valeur; on les calomnie. Lisez leurs ouvrages; non, ce ne sont pas des hommes
sans croyance et sans Dieu, des athées qui déshono-
rent le nom d'homme qu'ils portent ; ce sont des caractères graves et religieux qui reconnaissent un être
suprême, créateur et modérateur de l'univers. Non, ce
ne sont pas des hommes violents et avides qui recher-
chent par tous les moyens les honneurs et la domination, des ambitieux qui veulent dépouiller les riches
pour se mettre à leur place et jouir à leur tour ; ce sont
des hommes de cœur et d'intelligence qui, par leur
modération et leur simplicité, savent honorer la position dans laquelle ils se trouvent; des hommes ennemis
du désordre et de la violence, qui redoutent l'émeute
peut-être plus que vous; des hommes qui raisonnent
leurs droits et qui veulent vivre en travaillant; des
hommes enfin, qui, au nom de la liberté, de l'égalité
et de la fraternité, marchent d'un pas calme, mais
ferme, vers l'affranchissement de la moitié du genre
humain exploitée par l'autre.

Comme vous ils veulent la famille et la propriété,
parce que la famille et la propriété sont la base de la
société; comme vous ils veulent l'ordre et la paix,
parce que l'ordre et la paix donnent le crédit et la con-
fiance, sans lesquels le corps social ne saurait fonc-

---

ment de l'humanité, qui, dans l'abaissement de la rente, cherchent une
amélioration pour la classe des travailleurs en général, et qui prennent
la société telle qu'elle est, sans avoir la prétention , ni dans le momont,
ni dans l'avenir, de vouloir la faire remonter jusqu'à cette égalité parfaite qui constitue le communisme.

tionner; comme vous enfin, ils veulent l'amélioration intellectuelle, morale et physique de l'homme, parce que c'est une loi de la nature et un devoir pour l'humanité. La seule différence qui existe entre eux et vous, c'est qu'ils tendent vers cette amélioration en marchant peut-être un peu trop vite, et vous trop lentement; c'est qu'ils veulent la suppression du loyer du capital, ou si vous voulez mieux, de la rente, et ce ne sont encore que les plus avancés, tandis que vous n'en voulez que l'abaissement; mais ce sont des esprits lucides qui s'éclairent chaque jour par la discussion, et lorsque la raison leur aura clairement démontré qu'en détruisant les effets désastreux du capital fictif, on en détruirait en même temps les effets bienfaisants; lorsqu'ils reconnaîtront que le capital étant l'agent principal de la production, en supprimer le loyer, ce serait supprimer le principe de l'activité humaine; que l'homme ne saurait être meilleur que Dieu ne l'a fait; que, condamné par ses passions à vivre toujours dans un état d'antagonisme avec lui-même et avec la société, il lui est impossible, dans l'esprit d'égoïsme qui l'entraîne constamment vers son bien-être matériel, de montrer ce désintéressement, ce caractère de fraternité que réclament les socialistes avec les saints Pères de l'Église, lorsque, dis-je, ces puissantes considérations leur auront été clairement démontrées, ils cesseront de vouloir, dans la suppression complète de la rente, une chose impossible, et dans leur profession du dogme de la liberté, de l'égalité et de la fraternité, ils n'offriront avec vous d'autre différence que celle de vouloir le mettre en pratique, eux, en remontant vers les lois naturelles, et vous en conservant les vices de notre civilisation.

Avec des doctrines de cette nature, vous le voyez, Citoyens, l'esprit de prosélytisme ne tardera pas à faire de toute la France, les capitalistes exceptés, un peuple de socialistes et de frères.

Eh bien! ce peuple de frères, ayant à sa tête tout ce que la France aura d'intelligences nobles et généreuses, ce peuple de prolétaires qui constitue la force vitale du pays, puisqu'il le nourrit chaque jour par son travail, vous pouvez de ses sympathies faire autour de la République un faisceau de forces inébranlables devant tous les prétendants du monde. Travaillez d'abord à améliorer son bien-être physique, en lui accordant le droit au travail, le chômage étant à la fois la ruine et l'effroi de l'ouvrier; occupez-vous ensuite de son amélioration intellectuelle et morale en lui procurant, par la journée du travail limitée à dix heures, non pas seulement les moyens, mais encore le temps de s'instruire, car accorder l'un et refuser l'autre, serait annihiler le bienfait; accordez-lui, dis-je, ces avantages, et vous trouverez dans ce peuple de prolétaires, non des ennemis toujours en lutte avec le pouvoir, mais des auxiliaires qui formeront autour de nos institutions un rempart contre lequel viendront se briser toutes les mauvaises passions.

Agir différemment, refuser le droit au travail et la gratuité de l'instruction publique, c'est forcer l'immense classe des prolétaires à chercher ces avantages dans les bienfaits de l'association; c'est exposer la France à des déchirements épouvantables; c'est placer le gouvernement entre deux classes d'ennemis irréconciliables, combattant à outrance, l'une pour renverser la République qu'elle abhorre; l'autre, pour obtenir ses droits qu'on méconnaît, toutes les deux s'accordant pour détruire les institutions que vous fondez.

Pour éviter ces malheurs, Citoyens représentants, vous décréterez donc le droit au travail et à la gratuité; vous les décréterez au nom de la grandeur et de la prospérité de la France, et plus tard, la France, heureuse et puissante, en bénissant votre nom, glorifiera votre sagesse en présence des nations qui auront suivi notre exemple.

IMPRIMERIE CENTRALE DES CHEMINS DE FER, DE NAPOLÉON CHAIX ET Cⁱᵉ.